MANON LANZA

Le skate

vu par
une passionnée

Michel LAFON

À tous ceux qui «préfèrent se tromper de vie plutôt
que de n'en vivre aucune».
À tous mes abonnés qui me soutiennent quoi que j'entreprenne.
Et surtout à ma famille qui a fait de moi ce que je suis.

PRÉFACE

Je suis une nana du genre casse-cou. C'est simple, si tu me cherches dans l'album de famille, je suis celle qui joue au garagiste dans la combinaison blanche de peinture de maman. Celle qui a une carte de fidélité à la clinique SOS mains et qui porte à merveille le bleu galaxie sur la cuisse gauche. Le genre de nana qui, après tout ça, recommencerait mille fois s'il le fallait, rien que pour le sentiment que ça lui procure.
Cette liberté absolue lorsque mon cerveau se déconnecte pour n'être plus que dans le moment présent, un genre de méditation où mes mouvements s'associent à un lâcher-prise total. Et quitte à tomber, je finis en position « chien tête en bas ». De toute façon j'ai toujours préféré l'odeur de l'asphalte à celle de mon tapis de yoga.

Goût précoce pour l'adrénaline, et me voilà à tout juste six ans inscrite dans un club de moto-cross à défier les garçons de mon âge à vive allure dans la boue. Après tout, pas besoin de savoir lire pour être passionné. Et puis, six ans, c'est pas encore l'âge de raison, non ?
En parlant de raison, je l'ai souvent ignorée, la pauvre. Surtout quand j'ai décidé de tout plaquer pour un changement de vie radical. Enfin, je crois que c'est le cycle normal de la vie. On grandit et parfois on a envie d'autre chose que ce qu'on connaît depuis toujours. Moi, je rêvais d'exotisme, d'adrénaline et de ride. Tout sauf le char à voile avec Bertrand à Dunkerque. Je rêvais d'une autre vie. Ne pas devoir piétiner chaque jour le même couloir sombre d'une agence de publicité, manger à la cantine aux mêmes horaires avec les mêmes collègues ou regarder le soleil par la vitre de la fenêtre. J'aspirais à une vie face à l'océan avec un emploi du temps réglé sur les marées, avec des pauses déj les orteils dans le sable et un job pour lequel le mot « surf » fait partie du vocabulaire. Je préférais me tromper de vie plutôt que de n'en vivre aucune.

Je n'avais pas l'ambition d'avoir la plus belle voiture, juste d'être là où je me sens bien, de faire confiance à ma bonne étoile et d'oser faire ce que les gens appellent de la chance.

En fait, la vie c'est comme un prime time de The Voice où tu attends qu'un de tes trois (coachs) rêves se (retourne) réalise à défaut de te laisser là, seule face à des (spectateurs) feed Instagram dans ton dix mètres carrés parisien. Finalement, je n'avais pas le temps d'attendre. Attendre, c'est ce qu'on nous dit toujours de faire, et parfois à force d'obéir on en oublie presque de réfléchir. Alors au lieu d'attendre, cette fois j'ai saisi ma chance, j'ai poussé Jenifer de son siège et m'y suis glissée. Après tout, nous sommes les auteurs de nos propres rêves. Aux chiottes Jenifer, les préjugés, les « on-dit » et les « madame n'a rien compris » ! Aujourd'hui je foule le sable, et la seule vitre qu'il y a entre le soleil et moi, ce sont mes lunettes de soleil.

Bien sûr, j'ai embarqué avec moi le skateboard de mon frère qui traînait dans le garage, et c'est comme ça que les ennuis ont commencé. Pas qu'il s'en soit rendu compte, mais parce que je suis vite devenue accro. C'était devenu mon meilleur remède anti frustration quand l'océan faisait grève. Et puis un jour la météo s'y est mise à son tour, alors j'ai migré quelque temps en Californie. Bertrand pouvait définitivement aller se rhabiller, mon amour pour le skate avait décuplé.

WE ALL
START
SOMEWHERE

8 ANS &
DÉJÀ BADASS!

CHAPITRE 1

OSER SE LANCER

BYEEE FEAR AND EXCUSES!

Il y a deux choses que tu dois savoir avant de vouloir mettre tes pieds sur un skateboard. La première c'est que tu peux être ce que tu veux, ce qui inclut de faire ce que tu veux. La seule chose qui pourra t'empêcher de monter sur cette planche, c'est toi et toi seul. Alors je te conseille de t'enlever de la tête que tu es trop jeune, trop vieux, trop nul, que tu ne connais personne qui pratique ce sport ou que de toute façon c'est un truc de mec et que tu portes actuellement un soutien-gorge.

La seconde, c'est que ta vie va changer. Fini les excuses, les on-dit et toutes les pensées intrusives qui t'empêchent de réaliser tes rêves. C'est le moment de saisir ta chance et de passer à l'action si tu ne veux pas que ton rêve ne reste à jamais qu'une pensée agréable.

J'en suis sûre, tu as envie d'essayer, une fois, deux fois, trois fois, encore et encore jusqu'à ce que ton corps ait prouvé à ton cerveau que tu peux y arriver. Jusqu'à ce que tu aies même oublié comment compter. Essayer et tomber. Puisque c'est en ratant qu'on apprend, c'est en tombant qu'on se relève, et quand ton cerveau aura intégré que l'échec n'est qu'une étape, et pas une ligne d'arrivée, tu finiras par te prouver à toi-même que tu peux y arriver.

MAIS TU SAIS QUOI ?
ON DÉBUTE TOUS QUELQUE PART !!

Certains auront la chance d'apprendre dans la pleine insouciance de la jeunesse, les mains tenues par un adulte, et bardés de protections des pieds à la tête. Quand d'autres débuteront bien plus tard, seuls avec un vieux skateboard du garage. Mais le courage, c'est aussi de tenter d'apprendre de nouvelles choses alors que ton esprit en connaît déjà parfaitement les dangers, alors que ton corps sait déjà ce qu'est une chute et la douleur qu'elle provoque. Et si, malgré ça, tu as osé monter sur cette planche, alors tu as largement gagné ta place.

Et c'est vrai, peut-être qu'en mettant en pratique un des conseils du livre, tu tomberas (alors s'il te plaît, mets un casque).
Mais ce n'est pas grave, finalement, qu'est-ce qu'échouer veut réellement dire ? Être mauvais pour quelque chose ou ne pas avoir essayé du tout ? Et si c'est ton image qui t'importe le plus, essaie de lâcher prise et sache que les meilleurs skateurs ne skatent pas pour avoir l'air cool, mais pour les sensations que ça leur procure.

I SEE YOU!
T'es en train de penser « plus facile à dire qu'à faire ».
Voici donc quelques conseils à mettre en place pour que tu changes d'avis.

"me lâche pas hein!!"

1. COMMENCE DANS UN LIEU OÙ TU TE SENS EN CONFIANCE

Une rue tranquille en face de chez toi, la terrasse de ta grand-mère (sans tuer son caniche ni t'aventurer trop près de la rambarde)... Il est plus facile d'appréhender le skate dans un endroit que l'on connaît. Personne ne sera là pour t'observer et tu te sentiras en sécurité.

2. ENTOURE-TOI DES BONNES PERSONNES

C'est toujours plus facile d'y aller avec des amis, même si eux aussi sont débutants. On connaît tous ce moment où on décide de démarrer une activité sportive pour avoir un corps de rêve sur la plage. Au début on est super motivés, et plus le temps passe, plus on se dégonfle. Avec un ou une amie, impossible que ça arrive, il y en aura toujours un pour motiver l'autre. Peu importe si cet ami débute et n'a pas de conseils à te donner, dans tous les cas vous pourrez vous soutenir. Petit conseil d'amie : confisque-lui son téléphone pendant ta session, histoire que tu ne finisses pas sur TikTok.

SANTA MONICA,
THE COVE
MY FAV SPOT

3. LE SKATEPARK N'EST PAS TOUJOURS LA MEILLEURE OPTION POUR DÉBUTER

On a tendance à penser que skate = skatepark, mais c'est faux. Avant d'aller s'amuser sur des modules, il y a plein d'autres choses importantes à apprendre. Et pour ça, une route lisse, avec ou sans pente, ça suffit largement. D'autant plus qu'au skatepark, tout va plus vite, ça saute de partout et si tu débutes il sera encore plus difficile de prévoir les mouvements de ceux qui t'entourent. Ride donc dans un endroit tranquille pour commencer.

4. S'IDENTIFIER À QUELQU'UN

C'est humain, on aime bien pouvoir s'identifier à certaines personnes. Parce qu'elles nous font rêver ou parce qu'on se dit qu'on est un peu pareil. Sers-toi de ça pour te motiver à progresser. Si cette personne peut y arriver, alors toi aussi.

"20 MINutes"

dans la peau d'une nana au skatepark de Venice,
à Los Angeles en Californie

Il y en a certaines pour qui c'est facile, d'autres pour qui ça l'est moins. Il y a celles qui attendront l'hiver et les parks vides pour se lancer, celles qui n'iront pas sans être accompagnées. Il y a celles qui se sentent mieux là-bas que n'importe où, et puis il y a celles qui n'ont encore jamais osé, guidées par quelques pensées intrusives. Si certains lieux sont facilement fréquentables, il y en a un que certaines redoutent secrètement, bien qu'il soit très attrayant pour elles.
Comment 100 m^2 de bitume peuvent-ils être aussi intimidants pour la gent féminine ? Immersion dans la tête de skateuses.

À Los Angeles, les skateuses, ça n'est pas ça qui manque. D'ailleurs si on ouvre l'œil, elles sont partout. Elles se fondent parfaitement dans le décor et paraissent suivre le rythme sans problème. Mais il y a des jours où il semblerait qu'elles se soient donné le mot pour disparaître.
Elles sont – pardonnez-moi la comparaison – comme les petits pois d'un riz cantonais : ici et là, éparpillées mais pas omniprésentes. Il y a des jours où il est plus difficile de les trouver, selon l'heure ou, surtout, le lieu. Jusqu'à ce que l'on comprenne comment elles fonctionnent.

Que l'on ait osé passer ou non la barrière en fer qui sépare les skateurs des spectateurs, tout le monde ressent l'effervescence très spéciale de Venice. De ceux qui ont décidé de venir s'évader en regardant les roues vue océan et en les écoutant grincer, émane une certaine admiration. Pour la plupart ils n'ont bien souvent jamais mis les pieds sur une planche et s'émerveillent devant la vitesse et l'amplitude que prennent les skateurs dans le bowl. Et, sans le savoir, leur rajoutent un brin d'adrénaline en braquant leurs yeux dans leur direction pendant des heures.
De l'autre côté de la barrière, c'est un tout autre feeling.

Ce park n'est pas comme les autres. En plus d'être mondialement connu, il est hanté et skaté par des légendes. Des monstres montés sur roulettes. Ils arrivent en va-et-vient à longueur de journée jusqu'à ce que le soleil se couche et que l'accès leur soit interdit, puisque réputé trop dangereux et mal fréquenté à la nuit tombée.

Crescendo jusqu'à la pénombre, les skateurs affluent. Si le matin est plus slow, au sunset, on ne joue plus dans la même cour et il ne s'agit plus seulement de savoir skater, mais aussi et d'abord de s'imposer. Et c'est à ce moment précis que tout commence.

Tout va très vite. Ils ont tous l'air de savoir où se placer, quand et comment se lancer. Pour la plupart et pour un peu plus d'adrénaline, ils n'ont pas de protection, prenant le risque de s'éclater le crâne sur le bitume bouillant. En fait, ils ont l'air de n'avoir peur de rien.
Toi, de ton côté, tu sais aussi skater et tu as décidé d'aller essayer ce fameux park dont tout le monde parle. Tu t'y diriges seule et détendue, Ben Harper dans les oreilles, knee pads sous le bras. Seulement tu as à peine monté les premières marches que les visages se tournent vers toi. Tu croises alors deux trois regards, tu leur souris et fais quelques pas de plus pour venir t'asseoir sur une portion de bitume. Ce qui était censé te servir de break pour enfiler tes protections va vite devenir un sable mouvant.

Les mecs envoient sacrément du lourd et ont tous un style de fou.
Naturellement, tu vas chercher à te comparer à ce qu'il se passe sous tes yeux. Fuck ! Ils sont trente à se battre pour skater le bowl et arrivent de toutes parts. À quel moment suis-je censée me lever, poser mon skate à côté d'eux et prendre part à la file d'attente déjà transpirante ? Si je me lance et que je vacille au premier turn, ils vont penser que je suis naze, et j'ai clairement pas envie de ressentir ça. Okay, je vais rester là quelques minutes et observer le niveau, tâter le terrain, juger si j'ai ma place.

À ce moment-là, ton regard va se poser sur des genoux protégés, des looks moins étudiés, des cheveux longs, peu importe. Tu veux un truc qui te fasse te dire que si le gars là-bas y arrive, tu peux aussi y arriver.
Tu repères une fille en face qui a l'air de savoir ce qu'elle fait. C'est sûr, ça n'est pas la première fois qu'elle vient, et si ça se trouve c'est facile pour elle parce qu'elle est née là et connaît tout le monde. Et si ça se trouve… Merde merde, ça fait déjà 20 minutes que tu es assise là et tu n'as toujours pas osé te lancer ! Allez là, faut juste que tu arrives à te lever et après tu ne pourras plus reculer. Mets-toi un peu de rap américain dans les oreilles, le petit Ben t'endort.

À Venice, comme partout ailleurs, elles sont nombreuses à avoir vécu ce moment gênant. Celui où tu as l'impression que tous les regards sont posés sur toi et que tu es ridicule. Celui qui peut te gâcher une session ou carrément te dégoûter du sport si tu ne trouves pas le déclic qui te fera te lancer. Ça n'est, bien sûr, pas une généralité, il y a certaines badass pour lesquelles c'est inné, qui don't give a fuck du regard des autres. Et ce sont celles-là qui vont alors aider les autres.

C'est clair, les filles dans ce genre de situation ont un radar. Une espèce de truc solidaire qui se développe en elles et qui va leur donner envie d'agrandir leur cercle d'initiées. Parce que le skateboard ne doit pas être quelque chose d'intimidant, au contraire.
Ça n'est pas une surprise, le skate est un univers plutôt masculin, et justement, sur Instagram et dans les grandes villes, les crews solidaires de skateuses se répandent.

Finalement, cette personne qui avait tant l'air de gérer la situation vient de s'éclater au sol devant toi. Si tu as mis 20 minutes pour trouver le courage, tu n'en mettras pas une de plus pour enfiler tes knee pads et te lancer.

Si les skateuses ont l'air de s'effacer du paysage à certaines heures de la journée, c'est parce qu'elles savent exactement quand apparaître pour avoir un maximum de plaisir, sans pression ni jugement. Lucy et ses copines sont là à 7 heures du matin avant le travail. À trois ou plus, peu importe le niveau, elles viennent profiter du park déserté pour appréhender les courbes du bowl à leur rythme.
L'objectif ? Débarquer au sunset pleines d'assurance et pousser d'autres nanas à se lancer avant que le décompte anxieux des 20 minutes ne démarre.

F O R D

T'es-tu déjà demandé ce que serait ta vie si tu avais fait d'AUTRES CHOIX ?

Peut-être que si j'avais eu moins la bougeotte, j'aurais ouvert un garage à moto dans le Nord de la France ou alors j'aurais monté une de ces entreprises qui installent des piscines à vagues. Ou peut-être même que j'aurais un élevage de chats avec CHEESECAKE comme chef de gang.
J'aime bien y penser parce que ça me rappelle que je vis la meilleure option possible.
J'ai décidé d'avoir la bougeotte et il fallait que j'aille voir ce qui se passe de l'autre côté de l'océan. Là où le skate a débuté, en CALIFORNIE. Certains l'aiment pour ses palmiers, pour moi c'est sans aucun doute pour ses routes lisses et ses bowls. Alors quand je te parle d'inspiration, c'est à LA que je pense en premier. C'est fou de se dire que le moindre mouvement que j'ai appris en skate a été inventé à des milliers de kilomètres de chez moi en 1970. Comme quoi, on peut habiter dans un bled paumé et se sentir aussi californien que les Z-Boys...*

- Manon

*ref. Les Seigneurs de Dogtown. Quoi ? T'as pas vu ce film ? File le voir. NOW !

CHAPITRE 2

LE LEXIQUE DU SKATEUR

Ce genre de phrases, tu risques de l'entendre très souvent si tu côtoies les endroits préférés des skateurs. Si le skateboard est devenu un sport universel, il n'en est pas moins d'origine américaine et a gardé son lexique anglais. La meilleure façon donc de bien apprendre à skater, c'est d'abord de pouvoir nommer et comprendre ce que tu as sous les pieds. Tu verras, pas besoin de savoir parler anglais couramment, ça reste très facile.

omg ! T'AS VU LE TRICK QUE J'AI BALANCÉ ? MON NOSE N'A MÊME PAS TOUCHÉ LE SOL !
"trick nose" DE QUOI ?...

Le set-up

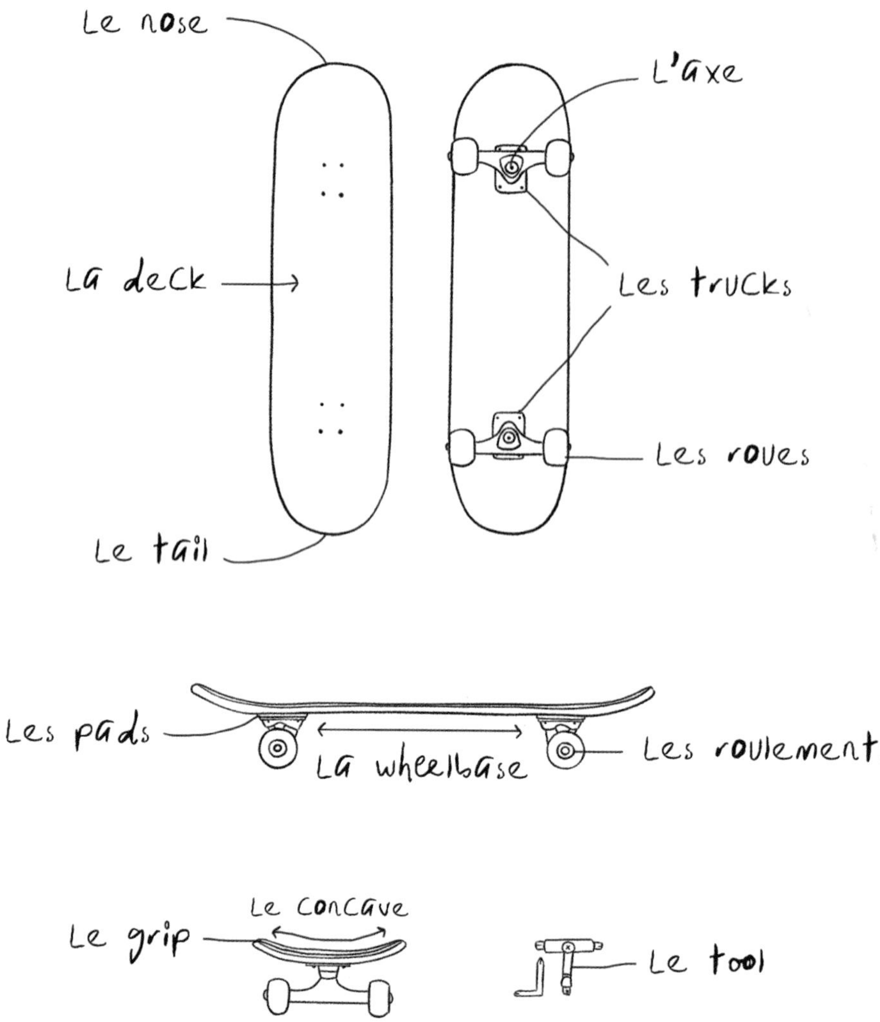

Le nose
L'axe
La deck
Les trucks
Les roues
Le tail
Les pads
La wheelbase
Les roulements
Le concave
Le grip
Le tool

LE SKATEPARK

UN BOWL : c'est comme une piscine vide dans laquelle on peut skater.

UN MODULE : c'est un mobilier dédié au skateboard.

UNE RAMPE : c'est un type de module en pente qui se drope.

LE COPING : c'est la partie en fer en haut du bowl qui permet de droper ou de plaquer une figure.

UN CURB : module de skatepark ou de mobilier urbain sur lequel le skateur peut faire glisser sa planche.

LE RAIL : c'est la partie en fer sur un module.

UN SPOT : un endroit où tu retrouves tes potes pour la session. Ça peut être un skatepark ou un endroit avec un mobilier urbain adapté au skate.

WAX : une cire spéciale achetée en skateshop ou de la simple bougie. On waxe les rails, les curbs pour les rendre glissants.

GOOFY
REGULAR

LES TERMES TECHNIQUES

UN TRICK : tu peux aussi dire une figure.

REGULAR : le pied gauche se positionne sur l'avant de la planche, et tu pousses avec ton pied droit.

GOOFY : le pied droit se positionne sur l'avant de la planche, et tu pousses avec ton pied gauche.

STANCE : il s'agit du sens dans lequel tu rides (regular ou goofy).

MONGO : le pied positionné à l'avant de la board est aussi le pied qui poussera la planche. Évite dès le plus jeune âge cette position, elle te mettra en difficulté au fur et à mesure que tu gagneras en niveau.

REPLAQUER : se réceptionner sur sa board après une figure.

SLIDER : glisser sur un module avec une partie de sa planche.

GRINDER : glisser sur un module avec une partie de son truck.

CATCHER : lorsque tu rattrapes ta planche de skate avec les pieds, en étant en l'air.

DROPER : se lancer dans un bowl ou d'une rampe.

SWITCH : c'est skater dans l'autre sens. C'est-à-dire que si tu es regular, ton pied droit se retrouve à l'avant, et inversement pour un goofy.

FAKIE : c'est le fait de rouler en arrière sur son skate, comme en switch, sauf que l'on garde la même position sur le skate. Le pied arrière se retrouve devant.

LES TRICKS

NOSEGRIND : on glisse sur le truck avant.

BOARDSLIDE : c'est un trick qui consiste à slider sur le centre de ta board sur un rail.

LIPSLIDE : C'est comme un boardslide, mais en passant le truck arrière au-dessus de la barre en premier, donc en arrivant de l'autre côté du rail.

NOSESLIDE : c'est une figure qui consiste à glisser sur un rail ou un curb avec le nose de ta planche.

TAILSLIDE : figure qui consiste à faire glisser ta planche sur une surface avec le tail de ta planche.

BACKSIDE 180 : lorsque tu fais un 180° avec la planche en faisant la rotation vers l'intérieur.

FRONTSIDE 180 : retournement à 180° avec la planche en faisant la rotation dans le dos. Ces rotations sont réalisables en switch, nollie, fakie également.

KICKFLIP : cette figure consiste à faire tourner la planche d'un tour sur elle-même, parallèlement à sa longueur, en envoyant le pied sur le côté.

HEELFLIP : flip dans le sens inverse d'un kickflip. Tu fais alors tourner ta planche dans le sens opposé avec ton talon.

OLLIE : c'est LA base du skate. Le but est simple : sauter avec sa planche. La maîtrise de ce trick te permettra de franchir des obstacles, de cruiser et d'apprendre d'autres figures.

NOLLIE : lorsque tu réalises un ollie en claquant avec ton pied avant sur ton nose.

MANUAL : c'est le fait de rouler uniquement sur les roues arrière de ta planche.

NOSE MANUAL : même chose que pour le manual, mais cette fois-ci avec les deux roues avant.

LE POP : le fait de taper le tail de la planche contre le sol pour la propulser vers le haut.

SHOVE-IT : ce trick consiste à faire une rotation de la planche en backside 180°, on l'appelle aussi varial.

POP SHOVE-IT : même principe que le shove-it, mais en faisant poper la planche de skate.

VARIAL FLIP : lorsque ta planche fait un pop shove-it accompagné d'un kickflip.

5-0 : on glisse sur le truck arrière uniquement.

50-50 GRIND : Le but est de glisser sur les deux trucks de ta planche de skate sur le curb ou le coping.

360 FLIP : Cette figure consiste à faire effectuer un backside 360° à ta planche couplé d'un kickflip. Peut aussi être appelé 3.6 flip.

SPIN : le trick qui te donnera le tournis. Suspense, expliquation page 116.

CAVEMAN : ce trick consiste à sauter sur son skate en courant, le meilleur moyen de démarrer une session avec style. Il existe des déclinaisons, tu verras dans le chapitre 6.

BONELESS : c'est un trick aérien qui consiste à sauter sur sa planche dans les airs.

CHAPITRE 3

LE MATERIEL

"SOS Manon !
J'y connais RIEN, comment je choisis ma board ?"

LE SQUELETTE DE LA PLANCHE

Il existe tout un tas de planches différentes, mais elles ont toutes un point commun qui va t'aider à comprendre comment elles fonctionnent. Toutes comportent 4 roues vissées à 2 trucks, eux-mêmes vissés à la planche alias la deck.
Les planches sont faites de bois et se distinguent par leur taille. La largeur, longueur et leur concavité vont faire leur particularité, leur forme qu'on appelle le shape.
Le nose est souvent plus long que le tail, mais sur les planches de street la différence est à peine visible. C'est la raison pour laquelle les skateurs aiment bien jouer avec la découpe de leur grip pour savoir où est l'avant de l'arrière.

La taille des planches est mesurée en pouces (inches) et non en centimètres. Les planches de street ont une largeur de 7 à 10 inches et pour la plupart sont proches de 8 (environ 20 cm). Quant à la longueur, elle varie autour de 80 cm. Mais si tu optes pour un longboard, ça peut aller jusqu'à deux fois, voire trois fois plus.

Ce n'est pas le seul critère à prendre en compte, puisque les planches peuvent se distinguer aussi par leur flexibilité. Une planche de street sera relativement raide à l'inverse d'un longboard, qui jouera la carte de la souplesse pour des mouvements tout en courbes.

Il est fort probable que tous ces paramètres puissent embrouiller l'esprit d'un débutant qui veut choisir sa première planche de skate. Mais je suis là pour t'aider, tu verras que ce n'est pas si compliqué. Lis bien ce qui suit et essaie de voir ce qui t'intéresse le plus dans la pratique du skate pour savoir exactement quelle planche il te faut.

BIEN CHOISIR SA PLANCHE

Depuis la naissance du skate des années 1950, les choses ont bien évolué et il existe aujourd'hui tout un tas de formes de skates différentes.
Et heureusement quand on voit à quoi ressemblait la première board…

J'hésite entre une deck 8.2 ou 8.3 mais je pense que 8.3 c'est mieux surtout avec des trucks Ind. Hollow en 149 et pour les roues? 54 tu penses?
heu...?

LA BOARD DE STREET

Cette planche est dédiée aux personnes souhaitant apprendre à faire des tricks. C'est-à-dire faire des sauts, jouer sur les modules et les rampes, et passer le plus de temps possible au skatepark. La planche est plus raide mais très légère, pour permettre de la soulever facilement avec les pieds. Les roues, quant à elles, sont petites et dures, ce qui permet de réaliser des figures avec dérapages et de prendre de la vitesse rapidement.

Mon conseil : Si tu n'as jamais mis les pieds sur une planche, sache que ça ne sera pas la planche la plus agréable pour apprendre à rouler, car les roues sont dures. Par contre, si tu as déjà en tête ton objectif qui est de faire du park et d'apprendre à faire un ollie, alors tu peux débuter sur ce type de planche.

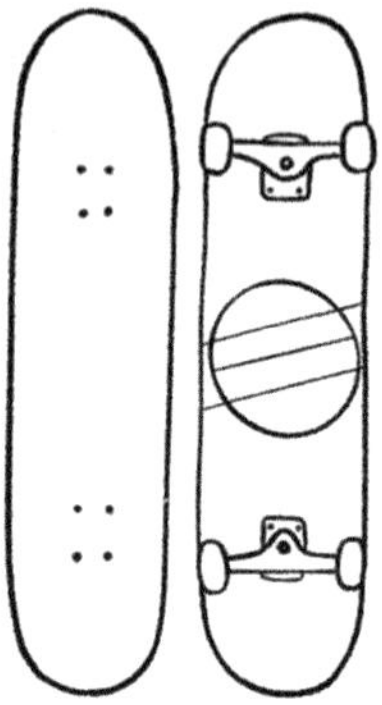

Mon quiver: je ride une Flip en 8'3 avec des trucks 149 Independent Hollow et des roues en 54mm et une Fucking Awesome en 8'2.5 avec des trucks Thunder ultra light en 147 et des roues en 54mm.

LE CRUISER

Cette planche apparaît dans les années 1950, et les surfeurs californiens la conçoivent pour se déplacer. Plutôt petite, très maniable et parfois sans grip, cette planche est parfaite pour se balader en ville et marcher planche sous le bras quand la voie n'est pas libre. Les roues en gomme (environ 60 mm de diamètre) donneront la vitesse de croisière parfaite pour une glisse tranquille. Mais attention, par sa petite taille et sa faible accroche, le cruiser devient difficilement gérable dans les pentes raides. Il est recommandé aux personnes qui souhaitent faire des petits déplacements du quotidien sans trop de vitesse, pour se balader tranquillement, ou aux habitués du bowl pour une glisse ultra oldschool.

Mon conseil : C'est typiquement le genre de planche vendu par Penny. Vous savez, ces planches en plastique hyper légères et colorées ? Sympa pour se promener sans être encombré, mais je préconiserai une planche plus large que celles-là pour débuter. Si tu tapes « cruiser skate » sur Google, tu verras qu'il existe maintenant tout un tas de cruisers en dehors des Penny, alors si tu débutes, choisis un modèle d'au moins 28 inches et plutôt large. Encore une fois, tout dépend de ton niveau. Si tu as déjà de l'équilibre et que tu veux un truc passe-partout, alors go for it.

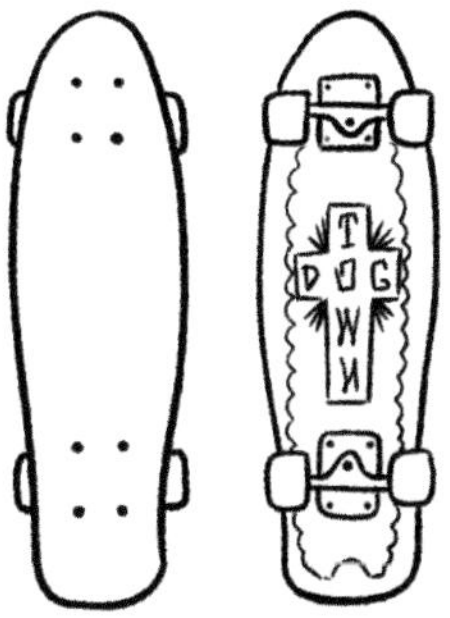

Mon coup de coeur cruiser: difficile à dire parce qu'il y en a beaucoup que j'apprécie mais je dirai le Pilsner de chez Arbor.

LE LONGBOARD

Le longboard est une planche aux dimensions supérieures qui permet d'aller vite ou d'appréhender les pentes avec sécurité. Il est utilisé pour trois types de ride.

La balade : la plupart des adeptes de cette planche l'utilisent pour se balader. Par sa longueur et son shape, elle rassure les débutants et leur permet d'apprendre à avoir de l'équilibre en sécurité.

Le downhill : full speed dans des pentes vertigineuses, les skateurs sont protégés d'un casque et de gants à palets qui leur permettent de poser les mains au sol pour slider et freiner. Sensations fortes garanties.

Le dancing : l'art de danser sur une planche en mouvement. Pente réduite et coordination sont demandées pour cette pratique du longboard. Un pas devant l'autre, un pas sur le côté, le dancing est l'une des disciplines du longboard les plus belles à voir. Généralement, les amateurs de dancing choisissent un longboard assez long (du type 48 inches) pour pouvoir enchaîner les pas.

Mon conseil : Si tu veux apprendre le skate plutôt pour te promener que pour faire des tricks, alors choisis ce type de shape sans hésiter. Le longboard est le meilleur moyen de gagner en stabilité. Si par contre tu veux apprendre le ollie, évite, car la planche n'est pas adaptée au skate de street et donc aux tricks.

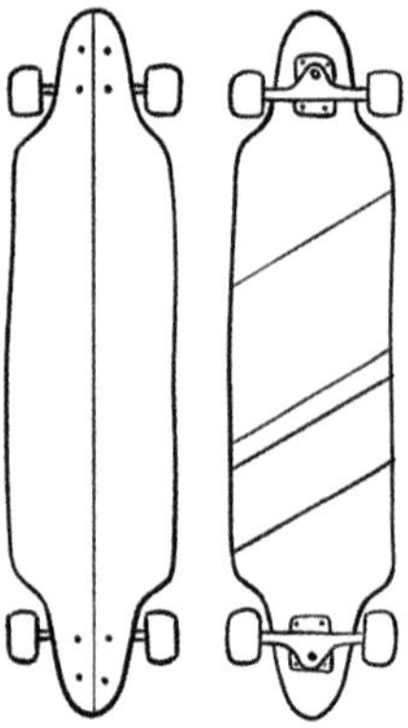

Mon quiver: je roule avec un Arbor Catalyst qui est plutot dédié au downhill.

LE SURFSKATE

On sait tous que le surf et le skate sont deux sports complémentaires. Quand il n'y a pas de vagues, on aime pouvoir retrouver les sensations du surf sur le bitume. De plus en plus de marques de skate développent des planches en réponse à cette demande. Opte pour un surf skate si tu aimes les grandes courbes et la glisse en souplesse. Ces boards sont de vrais jouets grâce à leurs trucks fabriqués pour reproduire les mouvements d'un surf sur l'eau, ça bouge beaucoup et c'est très réactif.

Mon conseil : Ce type de planche peut faire peur à un débutant parce qu'elle a tendance à être moins stable qu'une planche de street. La board de street peut paraître trop raide quand le surf skate aura un effet chewing-gum. Mais sache qu'il n'est pas moins facile d'apprendre sur un surf skate, il suffira de resserrer les trucks pour gagner en stabilité et éviter que la planche ne bouge trop. Elle sera par contre un peu plus lourde que les autres à cause de ses grosses roues et de ses trucks souvent massifs. Cette board est clairement faite pour les gens qui souhaitent s'amuser et qui ont peur de s'ennuyer sur une planche normale une fois qu'ils sauront rouler. Sur un surf skate, on ne s'ennuie jamais.

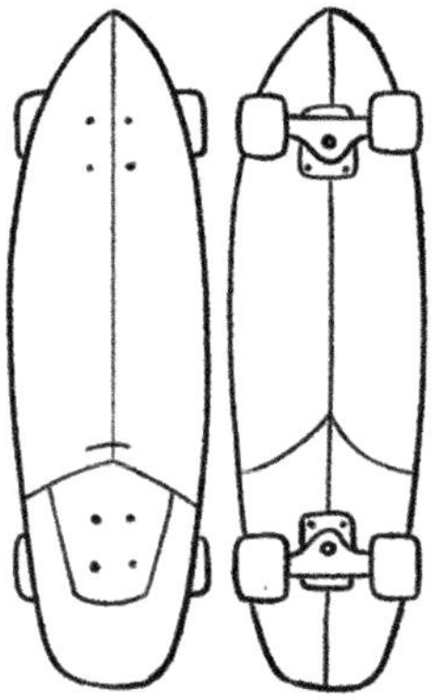

Mon coup de coeur surfskate: vous vous en doutez, les carver sont mes surfskates pref, peu importe le shape. Au niveau des trucks, C7, CX ou C5?
C7 pour un ride super souple puisqu'ils bougent de haut en bas mais aussi de gauche à droite, sensation surf garantie, CX pour de la polyvalence puisque ces trucks combinent l'effet d'un surf et d'un cruiser classique, C5 pour du bowl et un effet plus street.

ALORS, WHICH ONE DO YOU WANT?

Lille, 30 novembre 2013

Si je me souviens bien, le premier trick que j'aie fait est une trace de roues sur le mur blanc de la cuisine juste après avoir reçu ma première board.
MAGNIFIQUE performance qui a ravi mes parents !
Ce jour-là, le livreur avait décidé de me faire languir jusqu'au bout. J'actualisais la page du tracker pour observer le moindre mouvement de ce qui allait devenir l'objet le plus PRÉCIEUX à mes yeux. Il faisait déjà nuit et il pleuvait dehors, alors quand le livreur a ENFIN décidé de déposer le paquet devant la maison, ma cuisine s'est transformée en skatepark malgré elle. Accrochée à l'une des chaises de la table, je faisais des va-et-vient en faisant grincer le caoutchouc de mes roues neuves sur le carrelage.
Avant de cliquer sur le bouton acheter, j'avais eu le temps de l'observer sous tous les angles. Et maintenant l'avoir juste là, sous mes pieds pour la première fois, avait presque un goût de MAGIE. L'heureux élu, un Longboard Arbor Catalyst custom avec des trucks vert pomme et des roues rose flash. Mes goûts dans toute leur simplicité.

puis un jour je suis arrivée à la fac avec lui, deux semaines après, dans ma classe ils étaient SIX à avoir sauté le pas. On passait nos week-ends à apprendre de nouveaux tricks sur des parkings vides. Je crois que c'est la toute [redacted] PREMIÈRE fois que j'ai senti à quel point la passion qui émanait de mes gestes et de mes paroles pouvait être une force et surtout à quel point j'aimais **LA <u>PARTAGER</u>**.

PORTRAIT DE MIKE *

vendeur d'un skateshop MYTHIQUE
de Santa Monica, CA

SALUT Mike,
selon toi, comment on choisit sa planche ?

« Hmmm… je dirai que ça dépend d'abord de la taille de tes shoes, de ton âge et de ce que tu veux faire avec ta planche. Si tu vas être dans la rue ou si tu vas être au park. Tout ça fait la différence dans le choix de ta board. Il faut vraiment que tu te poses la question de savoir ce que tu veux faire avec pour avoir la planche la plus adaptée possible et du coup la plus performante pour toi. Le but, c'est que tu puisses t'amuser un maximum avec ! »

Quelle est la board idéale pour un débutant ?

« Alors, encore une fois, ça dépend de l'utilisation, mais si la personne débute vraiment, je conseille des roues assez molles avec une planche large et des trucks larges et assez hauts. Au début, il vaut mieux avoir un maximum de stabilité et de confort, donc je pense que, ouais, c'est bien si c'est large. »

Et au niveau du shape ? Parce qu'elles ont toutes des formes différentes.

« Honnêtement, crois moi, au début ça ne change pas grand-chose. Le débutant fera attention au shape de la planche quand il saura vraiment rouler et qu'il voudra s'essayer à une discipline du skate en particulier, genre le bowl. Mais avant ça, pour toute cette phase d'apprentissage du placement des pieds, etc., pas besoin d'un shape en particulier, juste de la stabilité. »

Toi qui travailles en skate shop, tu préconises d'acheter une board complète au début ou de la custom en choisissant soi-même ses trucks, ses roues, etc. ?

« Au début tu peux choisir une board complète parce que c'est clairement plus facile si tu veux l'acheter en ligne par exemple ou si tu n'as personne pour te conseiller. Je trouve que les custom, c'est bien quand tu veux tester d'autres types de roues ou de trucks par exemple. Histoire d'avoir un produit plus performant en fonction de ton utilisation et d'améliorer ta technique. Le mieux c'est si tu as un skate shop pas loin de chez toi. Comme ça tu peux aller demander des conseils, c'est bien aussi de faire marcher ton shop local. »

BIEN S'ÉQUIPER

Loin de moi l'idée de vouloir te faire peur tout de suite, mais le skate reste un sport à risques et il est toujours mieux, voire indispensable, de se protéger quand on débute.
La première raison, c'est que tu vas être bien plus en confiance pour tenter de nouvelles expériences si tu sais que tu ne risques rien. Il n'y a d'ailleurs aucune honte à porter des protections, c'est ce que font la plupart des skateurs de tout âge à Los Angeles et ailleurs. La seconde, c'est que tu as très envie de garder tes dents de devant et ton joli visage intacts, crois-moi.
Au skatepark de The Cove à Santa Monica, là où une partie des photos ont été prises, il est même interdit d'aller skater sans protections, et ce, peu importe ton niveau. Tu vois, no shame.

Il te faut donc : des pads sur les genoux, d'autres sur les coudes, des protections pour tes poignets et enfin un casque.

ÉQUATION À RETENIR :
PROTECTIONS = FULL CONFIANCE

LET'S DROP
VANS

VERS LE DRAME
AVANT
LE DRAME

VENICE, Los Angeles. 18 heures.

"Vas-y, enlève tes genouillères pour la video stp, je mets le flash."
Jamais plus je ne répondrais oui à cette phrase.
La nuit avait déjà fait son apparition. Seul le reflet des lampadaires de la rue sur le bitûme éclairait nos mouvements. Dans le bowl le plus profond du skatepark, il faisait nuit noire et ça rendait le drop encore plus excitant. Il faut dire qu'on y avait passé la journée et que plus AUCUNE de ses courbes ne nous était étrangère.
Scraaaatch, je balançais mes pads à côté de mon sac pour un dernier tour dans mon manège préféré.
"OK, vas-y, je suis prête ! 1, 2, 3 !". À ce moment-là et comme CADEAU de départ, la fatigue avait décidé de me faire une surprise dans le dernier virage, mes roues avant n'ont pas suivi et mon premier réflexe a été de me jeter sur les genoux de 6M de hauteur. Sans mes genouillères.
Deux ans aprés, mes genoux s'en souviennent encore.

PS : si mon médecin généraliste lis ceci, merci de me prescrire de l'ARNICA à VIE.

PARDON CHEVILLES

T'AJ

FAIR

TRE

TEM

PLUG

-SOL

FAIR

SA N

QUELLES SHOES POUR SKATER ?

On a tendance à penser que l'on peut skater avec n'importe quelles chaussures. En vérité, oui et non. Il y a des chaussures qui sont plus adéquates que d'autres.
La planche est équipée d'un grip qui va permettre à tes semelles de rester agrippées et d'avoir un bon maintien. Cette surface ressemble à du papier à poncer. Je te laisse imaginer l'effet râpe à fromage que ça peut avoir sur tes chaussures. Ne skate donc pas avec des baskets qui te tiennent à cœur. Porte des chaussures confortables et surtout montantes si tu peux, afin de protéger tes chevilles des éventuels skates baladeurs et des retours de planches qui font très mal. Très très mal.

#CELASENTLEVÉCU

LE PLAISIR DE SE DIRE
"JE N'AI PLUS PEUR"
VAUT MILLE FOIS LA SÉCURITÉ
DE TA CONFORT ZONE

CHAPITRE 4

LES BASES

LE MOMENT QUE TU ATTENDAIS IMPATIEMMENT EST ENFIN ARRIVÉ : LA PRATIQUE !!

LE POSITIONNEMENT SUR LA PLANCHE

Bon, la toute première chose importante à apprendre va être le positionnement de ton corps sur la planche, ainsi tu sauras monter, descendre et pousser avec facilité.

PREMIÈREMENT, QUEL PIED VAS-TU METTRE SUR L'AVANT DE TA PLANCHE ?

Si ta planche a un avant et un arrière, il va falloir décider quel pied tu vas mettre sur l'avant et lequel tu vas mettre sur l'arrière.
Selon ta réponse, tu seras soit regular soit goofy. Et cela vaut pour tous les sports de glisse. Ton stance ne changera pas en fonction du sport, si tu es regular pour le snowboard, tu le seras aussi pour le surf ou le skate.

Il existe une technique simple pour savoir quel est ton stance. Demande à un ami de te pousser gentiment dans le dos (j'insiste bien sur le « gentiment », choisis un pote sympa), le premier pied à avancer sera ton pied d'appel.
Si tu poses en premier ton pied gauche, alors tu es regular et tu dois mettre ton pied gauche sur l'avant de ta planche. Si c'est l'inverse, tu es goofy et c'est ton pied droit qui doit être devant. Facile, non ?

BIEN PLACER SES PIEDS, À L'ARRÊT

STEP 1

Assure-toi que tu te trouves sur une surface lisse sans obstacle autour, un endroit où tu peux rouler tranquillement. Maintenant que tu sais si tu es goofy ou regular, pose ton pied avant juste avant la première rangée de vis parallèlement à la planche.

STEP 2

Pose ensuite le deuxième pied sur la rangée de vis arrière perpendiculairement à la planche et essaie d'équilibrer ton poids.

STEP 3

Replace ton pied avant perpendiculairement à la planche de façon à être prêt à rouler. Tu peux t'entraîner à l'arrêt à placer tes pieds si tu en ressens le besoin.
Ne t'en fais pas, ça deviendra vite automatique, tu n'auras plus besoin de penser à tout ça très rapidement.

FLÉCHIS les jambes pour

baisser ton centre de gravité

STEP 4

Une fois les deux pieds sur la planche, tes genoux doivent être pliés et tu dois te tenir légèrement accroupi, les pieds et le corps perpendiculaires à la longueur de la planche.
Ainsi, tu viens de créer quatre points d'équilibre juste au-dessus des roues et ça te permettra de contrebalancer ton poids d'un côté à l'autre, d'avant en arrière quand tu souhaiteras tourner et changer de direction. Plus tu seras bas et accroupi, plus tu abaisseras ton centre de gravité et les chocs seront plus facilement absorbés par le poids de ton corps.
C'est vrai, ça peut sembler bizarre au début d'être de côté puisque toute notre vie on marche de face, mais tu verras qu'on s'y fait très rapidement.

PUIS POUSSER POUR AVANCER

STEP 5

Replace ton pied avant parallèlement à la planche, puis descends le pied arrière et pose-le à côté de la planche, prêt à donner une impulsion.

STEP 6

Mets le poids de ton corps sur ta cuisse avant, repousse le sol doucement avec ton pied et une fois que tu as l'impulsion nécessaire, viens le reposer délicatement à sa place sur l'arrière de la planche.

TIPS :

Pour avoir le bon équilibre et pouvoir prendre des directions, replace tes pieds de manière qu'ils soient perpendiculaires à ta planche quand tu roules, un peu en mode canard (comme sur l'image de droite du step 6).
Tu seras dans une position bien plus stable pour rouler tranquillement. N'oublie pas que tes orteils doivent toujours se trouver sur la planche, c'est eux qui vont te donner l'équilibre nécessaire, pas tes talons ! Alors, même si tes talons dépassent derrière, ce n'est pas grave.

Pour récapituler : C'est simple, si tu as les deux pieds sur la planche, les deux doivent être perpendiculaires à la board, mais si tu as le pied arrière au sol prêt à pousser, le pied avant doit être parallèle pour avoir plus de maîtrise.

EXERCICES :

- Essaie de garder les deux pieds posés sur la planche tout en te tenant à quelque chose de stable. Comme un panneau de signalisation ou un arbre.

- Essaie de monter et descendre de ton skate, toujours en te tenant à quelque chose de stable.

- Entraîne-toi à mettre ton poids sur les orteils puis sur les talons, pour t'habituer à la façon dont la planche roule et réagit lorsque tu te tiens dessus.

- Essaie de trouver une position confortable en équilibre et de t'entraîner à tenir le plus longtemps possible les deux pieds sur la planche sans te tenir à quoi que ce soit.

JE PENSE QUE TU ES PRÊT À ROULER !

PRENDRE DE LA VITESSE

Pour prendre de la vitesse, tout va se baser sur la poussée que ton pied arrière va donner au sol. Pousse le sol le plus fermement possible, accompagne le mouvement de ta jambe arrière au maximum et viens reposer ton pied sur la planche. Quand tu débutes, tu as tendance à vouloir reposer ton pied trop vite sur ta planche après avoir poussé parce que tu n'es pas super à l'aise avec l'idée qu'un seul pied soit sur ta planche et le deuxième en l'air. Ne te précipite pas, tu ne risques rien, prends bien le temps de décomposer les mouvements.

Une fois que tu es à l'aise avec le mouvement, n'hésite pas à pousser plusieurs fois d'affilée pour atteindre la vitesse désirée avant de reposer ton pied arrière.

LE REGARD

Le skate, c'est comme beaucoup d'autres sports de glisse, c'est le regard qui compte. Si tu regardes à gauche, tu iras forcément vers la gauche, c'est mécanique.
Enfin, humain plutôt.
L'idéal quand on débute, c'est de regarder droit devant soi et surtout pas ses pieds. Si tu regardes tes pieds, tu seras attiré vers le sol, et tu sais ce que ça veut dire.
Alors on bombe le torse, on croit en soi et on regarde droit devant.

APPRENDRE À FREINER

Quand on commence à vouloir prendre de la vitesse, il est important de savoir freiner. Ça te permettra de te sortir de situations à risque et d'éviter de te blesser, toi ou les autres.

1. S'ARRÊTER AVEC LE PIED: pose ton pied à plat à côté de ta planche et fais-le glisser sur le sol jusqu'à ce que ça te fasse ralentir. C'est la technique que j'utilise le plus souvent.

2. FAIS DES VIRAGES: si c'est possible, essaie de faire des courbes pour ralentir ta vitesse.

3. POP THE BOARD: recule ton pied arrière sur le tail de la planche et fais lever les roues avant. Ainsi tu soulèveras la planche et tu pourras la récupérer avec ta main. Cela ne fonctionne que si tu es déjà agile avec la planche et que tu ne vas pas trop vite.

4. POWER SLIDE: encore une fois, pour un niveau avancé, tu peux utiliser cette méthode pour te stopper net (explications detaillées dans le prochain chapitre).
Tourne en frontside et appuie fort sur le côté avec le talon arrière.
Tourne en backside et pousse sur les orteils du pied arrière.
Pour bien tourner, n'hésite pas à pointer la main dans la direction où tu souhaites aller, ça t'aideras à avoir les épaules au bon endroit.

5. ÉVITER LE CRASH ET SAUTER: c'est une des meilleures méthodes quand tu vas trop vite et que tu ne peux pas poser un pied. Bien sûr, fais en sorte de sauter loin de la planche pour ne pas retomber dessus.

STOP
AHEAD
STOP

APPRENDRE À TOMBER

Ce n'est pas grave de tomber. Tout le monde tombe, débutant comme professionnel, ça fait partie du jeu. En revanche, nous allons t'apprendre comment chuter de la bonne manière pour ne pas te blesser.
Tu as déjà dû entendre cette phrase mille fois : « L'important n'est pas la chute mais l'atterrissage. » Eh bien ! sache que ça s'applique au skateboard. Tu peux tomber violemment sans grosses conséquences si tu connais les bons tips, tout comme tu peux tomber doucement en te faisant super mal parce que ta réception n'est pas bonne.

C'est là que le judo entre en jeu. Je sais, là, tu es en train de te dire : « Le judo ? What ? Mais qu'est-ce qu'elle nous raconte ? »
En effet, l'une des principales réceptions de judo est la position à adopter en cas de chute de skateboard. Pourquoi ? Parce qu'elle va t'éviter de poser tes mains au sol et donc de te fracturer les poignets, voire les deux dents de devant.
La position consiste à se jeter sur une épaule pour rouler sur une partie du dos.

TIPS :

Tu peux t'entraîner dans ta chambre, sur ton lit ou même sur le tapis du salon (à condition que ton chat n'ait pas pissé dessus avant), histoire d'être prêt quand la chute sera ta seule option.
Bien sûr, si tu peux te jeter sur la pelouse ou retomber sur tes deux pieds en sautant, c'est mieux, mais ce n'est pas toujours possible si tu as pris trop de vitesse.

HOW TO FALL LIKE A JUDOKA

Désert du Moab, Utah. septembre 2019.
NO PAIN, NO GAIN, non ?

C'était ma dernière journée dans l'Utah. On avait roulé au moins QUATRE heures loin de toute civilisation avant d'arriver au Far West. Cet endroit était incroyable, et je me sentais toute petite au milieu de ces immensités rouges qui se tenaient devant moi. Le bitume était d'un noir profond et le sol n'avait vraiment rien de plat. Et puis on est tombés nez à nez avec cette route **INTERMINABLE**. À chaque kilomètre de plus que l'on parcourait, on se demandait si on allait s'arrêter pour shooter, mais le kilomètre d'après était encore plus fou visuellement. Visuellement mais pas que. La simple idée de skater sur cette route était folle. Trop tard. J'étais déjà en position, un pied sur le skate, prête à donner toute l'énergie qu'il me restait pour une impulsion.

Seulement faire ma valise n'a jamais été mon activité favorite et j'avais été plus obnubilée par les paires de chaussettes que j'allais embarquer pour mon skate trip à l'autre bout du monde que par le reste. Et c'est comme ça que j'ai oublié LE truc le plus indispensable : MON TOOL. Ce petit ustensile qui permet de resserrer les trucks en quelques secondes.

Me voilà donc en position, prête à dévaler cette pente vertigineuse avec des trucks complètement desserrés, une chance sur deux de me refaire le portrait sur le bitume et un cerveau déconnecté déjà bien trop focus sur le feeling que tout ça me procure : l'ADRÉNALINE.

La suite, tu la connais. Les premiers instants ont été magiques, je me suis sentie libre, légère, puis instable, de plus en plus, et cela malgré tous mes efforts. Ma planche avait pris le plein pouvoir sans m'avertir et je n'avais pas d'autre choix que de la laisser finir son ride toute seule.
La pente était si raide que mes trucks bien trop desserrés n'ont pas su gérer les mouvements au point de me faire vaciller de gauche à droite, faisant vibrer mes jambes comme une veille de bac. Je savais qu'il fallait que je trouve une solution, et rapidement, pour ne pas y laisser mes poignets. Voire pire, mes dents. Pas question que je quitte la famille NOAH, vite vite, il me fallait une solution.

Par chance, j'avais parlé judo avec un ami quelques jours plus tôt et mon cerveau a fait le rapprochement au bon moment, m'épargnant ainsi gracieusement une facture de 10 000 $ pour un plâtre au poignet. 1, 2, 3... j'ai délicatement abaissé mon centre de gravité et me suis jetée sur mon épaule nue pour m'enrouler sur le dos tel un judoka.

APPRENDRE À TOURNER

Le skate, c'est comme le surf ou le snowboard, c'est le regard qui fait tout. Si tu veux aller quelque part, il faut que tu regardes ta destination. C'est la raison pour laquelle on a dû te répéter plusieurs fois : « Ne regarde pas tes pieds, regarde droit devant toi. » D'ailleurs, je t'en ai déjà parlé. En effet, si tu regardes tes pieds, tu vas attirer ton centre de gravité vers le bas et donc possiblement tomber. Alors que si tu regardes droit devant toi, tu seras plus stable et plus équilibré sur tes appuis.
Je sais qu'au début ce n'est pas facile de regarder devant parce qu'on a l'impression que tout se passe au niveau de nos pieds, parce qu'on a peur de mal les placer ou que la planche fasse un mouvement qu'on n'a pas demandé. Mais sache qu'il y a beaucoup de choses qui se passent grâce à ton regard et à la position de tes épaules.

Si tu veux, avant d'aller plus loin, tu peux faire le test pour savoir de quoi je parle. Monte sur ta planche, pousse avec un pied pour prendre un peu de vitesse et regarde un point sur ta gauche ou ta droite, tu verras que tu seras attiré par ce point. Par exemple, je suis sûre que ça t'est déjà arrivé qu'un ami veuille filmer tes progrès et que tu finisses par lui rentrer dedans. C'est forcément parce que tu le regardais et que, du coup, il était devenu ta destination malgré toi.
Une fois que tu as compris ça, tu verras que tourner va devenir super facile.

1. La première est une méthode utilisée surtout en skate de street. Elle sert beaucoup dans les skateparks parce que la surface de manœuvre n'est pas grande et qu'on veut pouvoir faire des changements de direction rapide. Ainsi quand on veut tourner et qu'on a peu de vitesse et peu d'espace, on peut mettre son poids sur le tail de la planche, et donc la jambe arrière afin de soulever quelques secondes les roues avant et les déplacer où l'on souhaite pour tourner. Un peu comme un manual, mais on parlera de ça plus tard. Tu peux t'entraîner à le faire en restant statique sur une surface lisse.

2. La seconde méthode, c'est celle que j'utilise le plus puisque c'est la base pour carver. Elle consiste à mettre son poids sur les orteils ou sur les talons pour tourner à gauche ou à droite.

SI TU VEUX TOURNER RADICALEMENT :

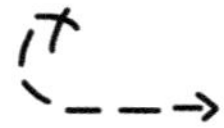

Reste bien flex sur tes appuis pour que tes mouvements soient souples.
Si tu es regular et que tu veux tourner radicalement à gauche (en backside), regarde loin derrière ton épaule gauche, mets ton poids sur les talons et laisse-toi glisser.
Si par contre tu veux tourner à droite (en frontside), regarde sur la droite, fais pivoter tes épaules vers la droite et mets ton poids sur les orteils.
Inversement si tu es goofy.

Si le regard est important, les épaules le sont aussi puisqu'elles travaillent en collaboration avec tes yeux.
Par exemple, si tu veux tourner radicalement à droite, il faut que ton regard aille chercher loin derrière ton épaule et que tu pivotes ainsi le buste et le bassin.
Le fait de faire pivoter tes épaules et ton buste sur tes jambes va te permettre d'indiquer le mouvement de rotation à la planche.

SI TU VEUX CARVER* :

Réfère-toi à ce que je t'explique sur la photo. C'est basiquement le même système sauf que tu ne tournes pas radicalement et donc tu n'as pas besoin de regarder derrière ton épaule.
Si tu es regular et que tu veux faire une courbe à gauche (en backside), regarde à gauche, mets ton poids sur les talons et laisse-toi glisser.
Si par contre tu veux tourner à droite (en frontside), regarde vers la droite, fais pivoter tes épaules vers la droite et mets ton poids sur les orteils.
Inversement si tu es goofy. Attention, sache qu'avec de la vitesse c'est plus facile !
(*c'est à dire «faire des petits virages en ligne droite).

TIPS :

J'ai appris ces mouvements grâce à un autre sport, le snowboard. Le regard, les appuis, l'équilibre… il y a des points communs entre tous ces sports de glisse. Si tu n'as jamais fait de skate mais que tu as fait du wakeboarding ou du surf, alors peut-être que ça pourra t'aider. Et si ce n'est pas le cas, ce que tu apprends en skate t'aidera peut-être pour un autre sport de glisse plus tard.

HOW TO "CARVER":
(REGULAR)
ÉPAULES OUVERTES VERS LA GAUCHE
POUR ALLER À GAUCHE: LA PRESSION EST EXERCÉE SUR LES TALONS
REGARD ORIENTÉ À DROITE
NEW YORK
JJF-9441
EMPIRE STATE
POUR ALLER À DROITE: IL N'Y A QUE LES ORTEILS QUI TOUCHENT LA PLANCHE

CHAPITRE 5

JE ME LANCE !

APPRENDRE À DROPER

Bon, je sais que tu as hâte d'apprendre à droper. Mais sache que c'est toujours mieux de maîtriser ta planche dans une courbe avant de s'y essayer.
Avant de te lancer sur un vrai drop, entraîne-toi à descendre un plan incliné. Ça t'aidera à comprendre comment tu dois être sur ta planche quand tu es en pente. C'est-à-dire, bien fléchie, flex sur tes appuis et bien au-dessus de ta planche.
Ensuite, tu peux t'entraîner à faire des allers-retours dans le creux d'une rampe en commençant en bas sans droper pour choper le bon mouvement. C'est toujours plus facile d'apprendre à maîtriser sa planche dans une courbe avant de vouloir droper.

Droper, c'est peut-être la chose la plus effrayante mais aussi la plus excitante. Ça ne demande pas d'être hyper technique puisque tu peux droper sans savoir faire un ollie, mais ça peut être assez impressionnant au début. En fait, c'est comme pour tout, plus on commence jeune, plus c'est facile. En vieillissant, on a tendance à réfléchir un peu plus et à penser aux conséquences. Adieu insouciance, on pense à tout ce qui va nous arriver si on ne parvient pas à descendre cette pente correctement.
Alors il y a une chance sur deux pour que ça se passe comme ça :

LOLITA : "Non mais, c'est sûr, je vais me faire mal sur le bitume là, c'est super haut !"
MANON : "Mais non, tu peux le faire, j'en suis sûre, c'est pas haut ! Allez à 3. 1, 2..."
L : "Non, non, attends, j'y arrive pas, je peux pas, j'ai trop peur."
M : "Alleeeez ! Lance-toi et attrape mes mains, je suis là !"
L : Regard de la peur + bruit de fusée au démarrage
M : "YEEEEESS ! Bah, tu vois c'était pas si dur, championne!!"
L : "Ouais, c'est vrai, mais c'est flippant vu d'en haut quand même. BON, ON RECOMMENCE ?"

SOUVIENS-T'EN !

C'EST NORMAL d'avoir peur une fois en haut de la rampe.
Peu importe l'âge ou le niveau, ça arrive à tout le monde. Ça s'apparente un peu à un feeling de vertige, on se bloque, on est stressé et on a cette petite voix en tête qui nous dit : « Non, non, non, ne fais pas ça ! » Mais il faut affronter cette peur, parce que tu peux y arriver, c'est certain ! Allez, on y va ?

QUELQUES CONSEILS AVANT DE TE LANCER :

- La première chose importante pour apprendre à droper, c'est de porter des protections. Tu seras bien plus en confiance et la peur de te faire mal sera divisée par deux. Donc on enfile son casque, ses protège-poignets, genoux et coudes.

- Si tu as un ami pour t'aider à te lancer, ça aidera, mais si tu es seule, pas de souci, tu y arriveras aussi ! No excuse.

- Choisis bien ta planche, toutes les boards ne sont pas faites pour droper. Typiquement on évite les surfskates, les longboards et toutes les planches non polyvalentes avec des trucks hauts qui bougent et des grosses roues. Tu ne seras pas stable et ce n'est pas fait pour ça. On privilégie les planches de street et à la limite les cruisers. Comme je te le disais plus haut, chaque board a sa spécificité, alors si tu veux augmenter tes chances d'y arriver, choisir le bon matos c'est primordial.

- Vas-y étape par étape. Ne te jette pas d'entrée de jeu dans une rampe de plus d'un mètre de haut ou du haut d'un bowl hyper creux.
Si tu es dans un skatepark avec plusieurs rampes de hauteur différente, commence par la plus petite et une fois que tu te sens à l'aise et que tu as réussi une dizaine de fois à la droper, augmente la hauteur. Mais surtout prends ton temps. Si tu y arrives en une session sur une petite rampe, c'est déjà une super victoire et tu feras forcément mieux la prochaine fois !

"HEUU J'LA SENS PAS TON AFFAIRE, LÀ, MAN!"
"MAIS SIIII! EASY!!!"

LE PIED AVANT
LES VIS
LA ROUE SE
PLACE DERRIÈRE
LE COPING
GARDE LES ÉPAULES
AU-DESSUS DE LA PLANCHE

ON MET LE CERVEAU SUR OFF, ET GO!

OK, bon. Tu te trouves maintenant en haut de la plus petite rampe de ton skatepark, full équipée des pieds à la tête avec l'envie de droper. Comment tu fais ?

STEP 1

Pose ta planche sur le coping (c'est comme ça que s'appelle le rail en fer) de façon à avoir ta planche comme sur la photo. Le truck arrière contre le rail et ton pied sur le tail.

STEP 2

Une fois que tu te trouves dans cette position et que tu te sens stable, viens poser ton deuxième pied juste avant les vis du nose, perpendiculairement à la planche. Regarde droit devant toi et prépare-toi à basculer tout ton poids sur le pied avant.

STEP 3

Plie tes genoux, reste flex, garde le corps gainé et surtout compact. Positionne ton torse face au bowl et fais comme si tu voulais l'attraper des mains. Tu vas ainsi avoir la bonne posture pour te laisser glisser jusqu'en bas.

Attention cependant à ne pas trop te pencher en avant ou à rester trop droite, reste bien au-dessus de ta planche et suis son mouvement. Et n'hésite pas trop au moment d'y aller, ne réfléchis pas. Il faut que tu croies en toi et que tu te lances franchement. Tu comptes, et à 2 tu te lances ! Si tu hésites trop, tu ne te lanceras jamais et c'est dommage parce que tu peux y arriver. Si tu as posé ton premier pied et que tu ne le sens pas, retire-toi, visualise le mouvement et retournes-y quand tu te sens prête. Tout le temps passé en haut de la rampe n'est pas du temps perdu, il te permettra de visualiser le mouvement, pas de stress.

STORY TIMEEEE!

Il y a quelques semaines, je suis tombée sur cette vidéo de Sky Brown (plus jeune skateuse professionnelle au monde) en train de se préparer à droper une rampe gigantesque. Aussi jeune et insouciante que l'on puisse l'être à l'âge de 12 ans, aussi douée et badass que l'on puisse l'être en étant sur le World Tour, l'appréhension est toujours là et elle se lisait dans son regard.
« 1, 2, attendez attendez, je suis pas prête », répétait-elle aux caméramans. Elle s'est approchée de la rampe, a posé son skate, pour l'enlever et reculer au moins cinq fois avant de se lancer. Et si cette rampe gigantesque est à la hauteur de son niveau, la rampe que tu entreprends de droper l'est tout autant, j'en suis sûre.

Quand j'ai vu ça, ça m'a rappelé que c'était normal d'appréhender.
Chaque fois que j'arrive dans un nouveau skatepark avec un bowl que je n'ai jamais ridé, le premier drop est toujours stressant. Et je n'ai plus 12 ans. Aussi tremblantes que puissent être mes jambes et aussi vite que peut battre mon cœur à ce moment-là, je souffle un bon coup, je coupe mon cerveau et je me jette quand je suis prête.
Le feeling d'achievement que procure ce genre de petites victoires est sans doute la meilleure des récompenses.
Alors n'oublie pas que c'est humain d'avoir peur.
Sky a fini par droper cette immense rampe et son sourire, comme le mien, sont restés sur nos visages pour de nombreuses heures.

Il y avait aussi un petit morceau d'humain habillé en salopette rose qui s'amusait à droper comme s'il versait des CÉRÉALES dans son bol. Facilement, tout en souplesse. Je crois me souvenir qu'elle n'avait que 9 ans et qu'elle avait encore une heure pour skater dans le creux de l'un des bowls les plus profonds du skatepark. Deux crayons de bois rose, un cahier posé dans ses petites mains et ses hanches qui s'agitaient pour faire bouger la planche en va-et-vient, de gauche à droite, sur le bitume bouillant de Santa Monica. Dans ses gestes, on pouvait ressentir son excitation <u>PRÉCOCE</u> de vite en finir avec les quelques lettres qu'elle tentait d'écrire entre deux lignes. La fougue de droper à nouveau, de sentir le poids de son corps vaciller dans le vide, de faire grincer ses roues et de se sentir plus <u>grande</u> et plus **FORTE** une fois ses orteils sur ce si petit bout de bois. Je n'avais mal qu'aux cuisses et pourtant j'ai eu l'impression qu'elle m'avait mis une claque. Une fois sur sa planche, 9 ans ou pas, elle etait grande. Son talent la rendait mature et bien plus experte que je pouvais l'être avec 16 ans de plus. Elle aurait pu apprendre à skater à tout un tas d'adultes, avec psychologie et professionnalisme. Leur dire d'évacuer leurs pensées avant de se lancer ou de rester souples sur leurs appuis et ça les aurait aidés dans la vie en général. Elle était si pure et déjà si forte, elle serait une **BADASS**, j'en etais sure. Au diable le futur, elle l'était <u>déjà</u>.

FLOYD

CRUISER COMME DANS LES ANNÉES 1970

Comme beaucoup de personnes, quand on parle skate, on pense à des crews de mecs hyper street voire trash, balançant des tricks sur les trottoirs et transpirant dans leurs DC Shoes trouées dans les skatepark. Ils roulent sur des planches dont les roues font du bruit et font très bad boys.
C'est l'inspiration des années 1990 et du skate punk.
Et pourtant, le skateboard, avant d'avoir sa propre identité, a été inspiré par un tout autre sport beaucoup moins trash : le surf.

La légende dit que le premier skateboard a été inventé dans les années 1950 par des surfeurs californiens qui souhaitaient pouvoir reproduire la sensation du surf sur le bitume quand l'océan était flat. Des roues de patins à roulettes en acier montées sur une petite planche en bois. Avant que Clay Wheels révolutionne les roues, dans les années 1960, rendant la glisse bien plus agréable.

Dix ans après, dans les années 1970, les rues de Dogtown, un quartier de Venice en Californie, deviennent le territoire d'un groupe de jeunes qui, pour la première fois, transposent les plus spectaculaires mouvements du surf directement sur l'asphalte.
Et puis c'est la sécheresse de 1976, et les piscines se vident, devenant ainsi le terrain de jeu favori de ces surfeurs de bitume. Le bowl riding était né et le skateboard décolle.
En peu de temps, les Z-Boys deviennent des légendes. Soudain, tout le monde les veut, le sport, le marketing et la pub.
Fin des années 1970, les Z Boys progressent et rident les piscines avec de plus en plus d'amplitude faisant frotter leurs roues contre le rebord de la piscine jusqu'à effectuer le mythique ollie, inventé à cette époque, faisant décoller les 4 roues.

and we love it!

Si je te raconte tout ça, c'est parce que ce livre a été très largement inspiré de cette culture californienne des années 1970.

En vivant à Venice, j'ai redécouvert une culture skate bien différente de celle que je connaissais et qui était trop trash à mon goût. Une culture skate où les skateurs sont aussi bien souvent des surfeurs. Où la discipline ne s'étend plus seulement au street pur et dur, mais aussi à un ride en souplesse et plus accessible. Où les bowls font partie intégrante de presque chacun des skateparks. Une pratique totalement différente de celle que je collais au mot skateboard et qui jusqu'à présent ne m'avait jamais vraiment séduite.
Et c'est comme ça que je suis tombée amoureuse du skate. Pour ses courbes, ses mouvements en finesse dans des piscines creuses, ses roues molles et ses figures de surf transposées les pieds sur un grip. Pour cette sensation de liberté que je retrouve quand je suis sur une vague. Pour tout ça.

Et parce que j'ai envie de partager avec toi cette vision du skate, ce chapitre et le prochain vont être dédiés à l'apprentissage de ces figures emblématiques pour transposer jusque chez toi ce style à la Z-Boys.

ATTENTION,
CHIEN MIGNON

VENICE

Un jour, alors que j'étais partie en trip moto dans le désert, je reçois un coup de téléphone de ma soeur.
"Allo Manon, il y a un feu ÉNORME qui ravage la forêt à côté de chez toi et ton appartement risque de prendre feu. J'embarque quoi ?"
Le genre de question que tu n'imagines pas qu'on puisse te poser un jour. Et pourtant, il a fallu que je lui réponde ce jour-là avec ce qu'il fallait absolument qu'elle embarque au cas où je perdrais tout. Sans vraiment réfléchir, ces trois choses me sont venues à l'esprit : « mon CHAT, mes disques durs et ma BOARD dédicacée par les Z-Boys ».

Il y a bien d'autres choses que j'aurais pu lui demander de récupérer et pourtant cette board accrochée au mur de mon salon faisait partie des heureux survivants. Elle représente toute ma passion pour le skate et il m'était impossible de m'imaginer la laisser BRÛLER.

LE NOSE RIDE

(DÉDIÉ AU CRUISER OU LONGBOARD)

Le noseriding en surf consiste à aller à l'avant de la planche en posant les orteils sur le nose pendant que la vague déferle. Cette position est très gracieuse et demande pas mal d'équilibre ainsi qu'une bonne répartition du poids du corps.
En skate, le noseride c'est un peu la même chose, sauf que c'est le skateboard qui bouge et non l'élément naturel sous nos pieds.

Le plus simple pour le réaliser correctement est d'avoir un minimum de vitesse. En roulant, viens mettre tes pieds joints sur le bout de ta planche tout en gardant ton buste parallèle à la board pour être stable et pouvoir enchaîner sur un virage.
En surf, les pieds sont parallèles à la planche, mais tu peux très bien les mettre perpendiculaires (comme sur la photo) de façon à les avoir un peu inclinés. Tout dépend des sensations que ça te procure et de tes préférences, il n'y a pas de règle.

Tu peux creuser le dos en mettant les hanches en avant et les bras dans le dos pour plus d'équilibre ou de style. Cette figure peut être réalisée avec n'importe quelle planche, mais une planche avec un nose plat est plus adéquate.

DANS MA TÊTE
RIGHT NOW:
YEWWWWWW!
BYEEE !

LE CARVE

(DÉDIÉ AU CRUISER OU LONGBOARD)

S'accroupir pour tourner est super fun parce que la sensation de glisse est décuplée, du fait qu'on se retrouve à quelques centimètres des roues et du sol.

Il existe plein de manières différentes de rider accroupi, mais toutes ont une chose en commun : le placement des pieds.

Quand tu veux glisser en étant au ras du sol, il faut que tes jambes soient ultra fléchies et ton corps compact pour rester bien au-dessus de ta planche.

LES JAMBES

Pour cela, c'est ta jambe arrière qui va jouer un grand rôle, celui de pilier.

En effet, une fois que tu es sur le point de t'abaisser, il faut que tu viennes rentrer ton genou et poser l'intérieur de ta cheville sur la planche au maximum. Ça te permettra de baisser ton centre de gravité et de garder de la stabilité.

Si tu es posé accroupi « en pause pipi », le dessous des pieds complètement contre le grip, tu basculeras forcément vers l'arrière puisque tout le poids de ton corps sera attiré par tes fesses et tes appuis au niveau des pieds seront trop légers pour te garder sur la planche.

Par contre, si tu te sers de ta cheville pour reposer sur la planche et y mettre une partie du poids de ton corps, l'équilibre sera bien plus facile à garder même en virage à pleine vitesse.

LES MAINS

L'erreur la plus fréquente est de vouloir attraper la planche entre tes jambes. Mauvaise idée puisque ça va t'empêcher de rentrer ton genoux et donc de te baisser comme il le faut.

Si tu es regular, attrape ta planche avec la main droite et place-la à gauche de ton pied arrière.

Si tu es goofy, attrape ta planche avec la main gauche et place-la à droite de ton pied arrière.

ALRIGHT COCOTTE, MAIS COMMENT JE TOURNE COMME ÇA ?

Le plus facile reste d'enclencher ton accroupissement juste avant le virage et de basculer tes appuis vers le talon du pied avant pour tourner. De toute façon, tu verras qu'avec un peu de vitesse, ça tournera de manière assez naturelle puisque tes fesses frôlent le sol derrière ta planche, ce qui attire ta trajectoire vers l'opposé et te fait donc tourner.

Il existe énormément d'alternatives, amuse-toi à trouver celles qui te conviennent le plus. Bras en l'air ou pas, ce qui compte, c'est le feeling que ça te procure.

TIPS :

N'oublie pas de desserrer tes trucks au maximum pour tourner facilement. Si tes trucks sont trop serrés, tu risques de te faire mal à la cheville pour rien.

CHAPITRE 6

LES TRICKS

DONUTS
Drive Thru
OPEN
24
Hours
OPEN
HOURS
PICK A GAME
PLAY FOR MILLIONS
PLAY NOW

LE MANUAL

Cette figure va mettre à l'épreuve ton équilibre puisqu'il s'agit de rouler uniquement sur les [redacted] arrière en soulevant les roues avant.
ROUES

À L'ARRÊT :

Tu peux d'abord t'entraîner à l'arrêt en te tenant à quelque chose, une barrière par exemple. Tu pourras ensuite lâcher ce à quoi tu t'agrippes quand tu te sentiras complètement à l'aise et en équilibre.

Mets ton pied arrière sur le tail et le pied avant sur les vis du nose.
Appuie sur le tail pour lever le nose sans faire toucher le tail au sol.
Plie ta jambe avant et utilise la jambe arrière pour doser l'effort. Tes bras t'aideront à garder ton équilibre.

EN ROULANT :

Sache que c'est plus facile en roulant puisque la vitesse va t'aider à te stabiliser. Comme à vélo ! →
Mets tout ton poids sur la jambe arrière de façon à soulever les roues avant. Le but, tu l'as compris, c'est de garder les roues avant en l'air le plus longtemps possible tout en roulant. Le plus difficile est d'avoir le bon dosage au niveau de la répartition de ton poids sur tes deux pieds. Mais pour le comprendre, il n'y a rien de mieux à faire que d'essayer encore et encore. Ton corps va finir par imprimer le dosage parfait et ça sera de plus en plus facile, tu verras. Attention à bien redresser ton corps pour ne pas partir en arrière. Au début tu ne tiendras peut-être pas plus de 2 secondes, mais tu verras qu'à force, tu arriveras à rouler plus longtemps.

LE NOSERIDE MANUAL

Cette figure est la même que précédemment, sauf que cette fois ce sont les roues arrière qu'il s'agira de soulever. Encore une fois, tout est dans le dosage du poids du corps sur les pieds.
Ce trick peut être fait pieds perpendiculaires à la planche, comme si tu roulais normalement ou alors en nose ride. Personnellement je trouve qu'il a plus de style en nose ride, inspiré des surfeurs en longboard.

Mets ton poids sur le pied avant tout en gardant ton corps au dessus des roues qui touchent le sol.
Si tu veux le tenter en noseride :
En roulant, viens mettre tes pieds joints sur le bout de ta planche.
Mets ton poids sur les orteils et fais basculer la planche vers l'avant. Tu peux creuser le dos en mettant les hanches en avant et les bras dans le dos pour plus d'équilibre ou de style.
Là encore, le plus difficile va être de trouver le bon équilibre et la bonne répartition du poids. Mais si tu sais déjà faire un manual, tu devrais y arriver.

À TOI DE JOUER !

ONE WAY

187

DON'T BE AFRAID TO FAIL.
BE AFRAID NOT TO TRY.

-MJ

IQUOR
&MARKET
IQUOR

LE LAYBACK

POWERSLIDE

LE LAYBACK POWERSLIDE

Ce trick est définitivement devenu l'un de mes favoris puisqu'il peut être fait partout. Que ce soit pour freiner sur une pente, balancer un semblant de roller (figure de surf) sur une montée ou pour lever la main avec style quand quelqu'un dit « qui veut un donut ? » Attention, ambiance *Seigneurs de Dogtown* assurée.

STEP 1

Ce trick est presque impossible à réaliser sans vitesse. Pousse donc une fois avec ton pied (si tu n'es pas déjà en pleine pente) pour avoir un minimum de vitesse.
Vise avec ton regard un point au sol, accroupis-toi et prépare-toi à poser ta main avant sur le sol, derrière ta planche, dans ton dos. Si tu as ton pied gauche devant, c'est ta main gauche que tu poses. Et inversement. Le fait de poser ta main dans ton dos va donner l'indication à la planche de tourner. L'autre bras est en l'air.

STEP 2

Le concept du slide est d'effectuer un virage au sol assez radical en faisant grincer tes roues. Il faut donc que tu génères une courbe.
Pour cela, une fois que ta main est posée au sol derrière ta planche, il faut que tu viennes faire glisser tes roues pour que ta planche fasse un angle de 90°.
Garde la jambe avant fléchie et balance ta jambe arrière devant en la tendant un maximum. Tu feras ainsi tourner la planche devant toi.
Le poids de ton corps à ce moment-là doit être sur ton bras posé au sol et sur ta jambe avant, pour alléger la planche et qu'elle soit plus facile à slider.
Attention à ne pas mettre trop de poids sur ta jambe avant et à ne pas soulever les roues arrière.

STEP 3

Pour que le trick soit réussi, tu dois garder les deux pieds sur la planche tout le long, jusqu'à ce que tu te relèves.
Ramène la planche sous ton corps et sers toi de tes abdos pour te relever !

2
3

LE SPIN
AKA THE 360 DELUXE MULLEN SPECIAL

LE SPIN

Popularisée par John Rodney Mullen, cette figure consiste à défier les lois de la gravité pour tourner sur soi-même tel un poulet rôti. On adore !
En vérité, le secret de cette figure réside dans l'impulsion, tu vas voir, ça va faire toute la différence. C'est comme la danse, il faut tourner sur un pied !

STEP 1

Pour commencer, place ton pied sur le tail au sol.
Et attrape ta planche avec la main par le nose.

STEP 2

Si tu penses que tu vas tourner tout seul sur toi-même une fois que tu auras posé le deuxième pied, c'est une erreur. Il te faut une impulsion. Je te dis ça, parce que je n'y arrivais pas avant qu'on me le dise et ça a tout changé dans l'exécution de cette figure.
Si tu veux tourner vers la gauche, avant même de reposer ton deuxième pied, il faut que tu donnes une impulsion avec les épaules et le bassin vers la gauche de façon à tourner. Un peu comme quand tu veux faire tourner une toupie et que tu te prépares à la lancer.

STEP 3

Une fois que tu as enclenché le mouvement et que tu commences à tourner, viens reposer ton pied avant au milieu de la planche. En réalité tu ne poseras que la pointe de ton pied, pour faire pilier.
N'hésite pas à tendre ton autre bras pour avoir plus d'équilibre, et plus tu tourneras vite sur toi-même, plus tu resteras en équilibre. Comme une toupie.
Reste bien gainé et droit.

Si tu fais un tour sur toi-même, c'est déjà top et le trick est validé.

MODE POULET RÔTI ACTIVÉ !

LE OLLIE

Beaucoup de skateurs te diront que le ollie est le premier trick à apprendre en skate. Je dois être une mauvaise élève puisque je l'ai appris assez tard. J'ai commencé à skater les bowls avant de savoir replaquer un ollie. Comme quoi, si tu ne sais pas encore le faire, tu n'es pas totalement foutue.
Mais comme c'est un basic, j'ai pensé qu'il serait sympa que tu puisses l'apprendre.

UN PEU D'HISTOIRE

Dans les années 1970, en 1976 précisément, Alan « Ollie » Gelfand a eu l'idée d'inventer une méthode pour faire des airs dans un pool sans avoir besoin d'attraper sa planche. Son nouveau mouvement lui a permis de diriger la planche en l'air et de la garder sous les pieds comme si c'était de la magie. Rodney Mullen, probablement le skateur Freestyle le plus accompli de tous les temps, a été tellement impressionné par l'invention d'Alan Gelfand qu'il a commencé à travailler sur la technique appelée le « ollie » et l'a rapportée dans le street skateboarding cinq ans plus tard.

STEP 1

Place le pied avant entre le milieu de la planche et les vis du truck avant ainsi que la pointe du pied arrière au milieu du tail.

STEP 2

Pour que tu puisses décoller du sol avec ta planche, appuie sur le pied arrière rapidement en direction du sol pour faire poper ta planche et ainsi la soulever.

STEP 3

Au moment où le tail frappe le sol, saute vers le haut et fais frotter ton pied avant du milieu de la planche vers le nose. Ton pied avant doit être en contact avec le grip durant tout le mouvement, sinon les quatre roues ne décolleront pas du sol.

Le moment où tu vas frapper le tail au sol et celui où ton pied va frotter le grip doivent être coordonnés et simultanés.

STEP 4

Maintenant que tu es en l'air, les deux pieds sur la planche, prépare-toi à l'atterrissage. Essaie d'atterrir avec les deux pieds sur les vis des tricks et le corps bien au-dessus de la planche pour garder l'équilibre.
N'hésite pas à plier tes genoux pour amortir l'atterrissage et garder un centre de gravité équilibré.

LE CAVEMAN

Ce trick est vraiment fun puisqu'il peut être fait un peu partout, dans la rue, sur un banc ou encore sur un module de skate. Et surtout, une fois que tu sauras l'exécuter correctement, il va te permettre de faire les tricks suivants avec plus de facilité.
Il existe énormément de déclinaisons comme par exemple sauter dans une courbe en caveman, l'envoyer en shov-it… ce trick est tout sauf boring.

Commence sur le sol pour bien comprendre le mouvement avant de le tenter en prenant de la hauteur. Si tu n'as pas l'habitude de sauter sur une planche, tu peux déposer ta planche au sol, faire quelques pas en arrière, courir et venir sauter sur ta board en mettant bien tes pieds sur les vis. Une fois que tu sais faire ça, tu es prête à tenter un caveman.

Alors, comment on fait ?

D'ABORD À L'ARRÊT :
Attrape ta planche par le nose et saute dessus en visant les vis, le tout avant que les roues ne touchent le sol. Une fois atterri, tu pourras continuer à rouler. C'est une bonne manière de débuter un ride avec style.

EN MOUVEMENT :
C'est exactement la même chose, sauf qu'au lieu de démarrer de manière statique, tu vas courir. Cours avec ta planche en l'agrippant par le nose (tout en la gardant parallèle à ton corps) et une fois que tu sens que c'est le bon moment, saute dessus avant que les roues ne touchent le sol.

EN HAUTEUR :
Same same, sauf que tu seras perchée sur un banc ou un spot sympa déniché par hasard. Bien sûr, cette fois tu ne pourras pas courir, donc c'est la même technique qu'à l'arrêt. Pense juste à bien positionner tes pieds sur les vis pour ne pas te faire mal à l'atterrissage.

yolo!

LE BONELESS
LEVEL ++

LE BONELESS

STEP 1

Ce trick est plus facile avec un peu de vitesse.
Tu es en train de rouler, les deux pieds sur la planche.
Baisse-toi pour attraper ta planche en positionnant ta main sur l'extérieur de la planche juste avant les vis du nose.
Attention : pose ta main droite si tu es regular et ta main gauche si tu es goofy (Sierra, sur les photos, est goofy).

STEP 2

En même temps, pose au sol le pied qui est à l'avant de ta planche selon que tu es goofy ou regular.
Fais racler le tail de ta planche sur le sol avant de la soulever complètement.

STEP 3

Soulève la planche du sol tout en gardant ton pied arrière en position sur le tail. Ne mets pas trop de poids avec ton pied sur la planche pour qu'elle soit facile à soulever, profite plutôt de ton pied qui est encore au sol pour faire pilier et t'équilibrer.
N'oublie pas d'accompagner le mouvement de la planche au maximum.

2
ATTRAPE ICI
EVER RAD
ET HOP JUMP!

STEP 4

En te servant de ton pied au sol, prends une impulsion et saute tout en reposant ton pied avant sur le skate. Ta main, elle, ne doit pas bouger, elle va te permettre de gérer les éventuels mouvements inattendus de ta planche.

STEP 5

Ôte ta main de la planche et retombe les deux pieds sur les vis avant que ta planche ne touche le sol.
Une fois que tu maîtrises ce geste à l'arrêt, entraîne-toi en roulant.

Il existe une alternative qui s'apelle le Beanplant, la seule différence est la main que tu vas utiliser pour graber ta planche:
REGULAR : si tu attrapes la planche avec la main gauche et que ton pied droit reste au sol alors c'est un beanplant, si c'est avec la main droite que tu l'attrape et que ton pied gauche reste au sol, alors c'est un boneless.
GOOFY : si tu attrapes la planche avec la main droite et que ton pied gauche reste au sol alors c'est un beanplant, si c'est avec la main gauche que tu l'attrape et que ton pied droit reste au sol, alors c'est un boneless.

Ne te décourage pas si tu n'y arrives pas du premier coup, ce trick n'est pas le plus facile et il demande un minimum d'entraînement. Mais tu vas y arriver, j'en suis sûre.

PARKING
THIS
STREET
THRASHER

NO
PARKING
THIS
STREET
THRASHER

5
NO
PARKING
THIS
STREET

LA VIE EST SI BELLE
QUAND ON SE SENT AU BON
ENDROIT

LIGHT UP THE WORLD
AROUND YOU BY DOING
WHAT YOU LOVE

CONCLUSION

Il y a deux types de lecteurs. Ceux qui vont lire le livre d'une traite avant de se lancer en cherchant de la motivation dans chaque paragraphe et ceux qui vont le lire peu à peu en mettant en pratique chaque paragraphe un à un. Peu importe le genre de lecteur que tu as été, je suis sûre que réside en toi une âme de skateur, que les pages sont déjà froissées puisque tu as propablement roulé dessus par inadvertance et que je te croiserai donc très bientôt sur le bitume.
J'espère sincèrement que tous ces conseils sauront te prouver que tu es capable de tout et que le skate n'a dorénavant plus aucun secret pour toi (ou presque).
Surtout, ne te mets pas la pression, tu progresseras à ton rythme, it's all about having fun.

Je ne suis pas née dans une famille de skateurs ou au bord de l'océan. Les mots leash, wax, truck et stance n'ont fait partie de mon vocabulaire que beaucoup trop tard. Mais je sais ce que c'est de devoir se bousculer pour atteindre ses objectifs, de se sentir mal à l'aise dans un skatepark et d'avoir envie de tout abandonner.
Et pourtant, malgré ça, j'y ai cru, et je ne regretterai pour rien au monde. ☺

J'ai créé Allons Rider il y a huit ans avec pour objectif de mettre en avant des portraits de femmes qui ont mis leur vie au service de leur passsion pour la glisse, pour montrer au grand public que les femmes ont leur place dans ces sports et surtout motiver celles et ceux qui n'ont pas encore osé se lancer.
Aujourd'hui, vous êtes des centaines de milliers à poster chaque jour des photos de ride avec le hashtag #allonsrider.
Finalement, peu importe la discipline, peu importe l'âge, le sexe et le niveau, vous brillez parce que vous êtes passionnées. Et c'est tout ce qui compte.

OCEAN DR.

REMERCIEMENTS

Ce livre est aujourd'hui dans vos mains et si le projet est parti d'un rêve un peu fou, il n'aurait pas été possible sans l'aide de ma dream team.

Merci à mon ami et photographe, Douglas, pour son talent qui m'a permis d'illustrer mes propos de la plus belle des manières.
Merci à Guillaume, éditeur chez Michel Lafon, qui a cru en mon projet et l'a rendu possible.
Merci à Sierra d'avoir prêté son image et ses good vibes.
Merci à Manon et Charlo, qui m'ont suivis pendant une semaine de shooting intense aux quatre coins de Los Angeles.
Merci à Eric, Aubrey and Zack pour leur accueil dans le Colorado qui m'a permis de finir la mise en page de ce livre dans le plus beau (froid) des décors.
Merci à Marion pour les plus belles Vans.
Merci à Fred pour avoir monté le site Allons Rider avec moi il y a 8 ans.
Merci à Pierre pour ses conseils et son soutien en donuts et câlins.
Merci à mes parents de m'inspirer et d'être les meilleurs parents au monde (je suis très objective).
Merci à ma soeur, Agathe, pour son talent et ses conseils artistiques en plein milieu de la nuit quand nous avions 9 heures de décalage horaire et à mon frère, Thomas, pour ses textos de motivation et le skate qu'il a abandonné dans le garage.
Merci à vous qui lirez ce livre et le rendrez vivant en le tachant, mains salies par les roues de votre skate.
Merci à mes abonnés Instagram qui me soutiennent quoi que j'entreprenne, et qui sont une des raisons pour lesquelles ce livre a vu le jour.

TABLE DES MATIÈRES

AH! ET N'OUBLIE PAS...
C'EST NORMAL DE TOMBER

- MANON